Für Rosmarin,
meine geliebte Frau.
Was ich ihr
immer schon sagen wollte.

tredition®

BREVIER DER LIEBESWORTE

In 101 Gedichten voll lebensstarker Gefühlswelten und der Faszination der Sinnlichkeit wird die Freude am Partner, an Sehnsucht und Erwartung, zärtlicher Liebe und ungestümer Lust, wildem Begehren und tiefer Leidenschaft, williger Hingabe und erlösender Erfüllung aus tiefer Kenntnis und Erfahrung gepriesen.

Der ganze Zauber vom ersten Liebeswerben bis zur erotischen Entfaltung erschließt sich in emotionsdichten, bunten Bildern voll Fantasie und Anschaulichkeit, deutlich offenen Worten und ungeschminkten Aussagen, verführt zu Erleben und Mitleben, zum Suchen und Finden des eigenen Glücks mit einem Menschen, dem man angehören und verbunden sein möchte, mit dem man die Höhepunkte des Lebens gemeinsam genießen und auskosten will. Wenn Liebe die wahrhaft schönste und bewegendste Kraft unseres Daseins ist, so wird sie hier in all ihren berauschenden Spielarten innig und einfühlsam, mitreißend und betörend dargestellt.

Eine auch literarisch interessante Sammlung vielfältiger Gedichte und Gedanken zum Lob der Liebe, eine innige Lektüre, die man gerne gemeinsam liest, weil sie einander verbindet. Denn durch diese poetischen und lyrischen, aber auch realistischen Bilder lernt man besser verstehen, was den Partner oder die Partnerin wirklich bewegt, was tief in einem Menschen vorgeht, was er sich erhofft und erträumt, wie er den eigentlichen Sinn seines Lebens sieht.

„Sind Liebe und Sex
nicht etwas Großartiges ?"
„Kommt ganz darauf an,
was wir daraus machen !"

CHRISTIAN SCHOLZ
Liebesatem

SINNLICH-EROTISCHE GEDICHTE

INHALTSVERZEICHNIS

ERSTES BUCH

Bezauberung

ZWEITES BUCH

Hingabe

DRITTES BUCH

Leidenschaft

Sinnlichkeit

Im emotionalen Bereich Sammelbegriff
für die triebbestimmten Gefühle und Motive
(bes. auf sexuellem Gebiet).

Erotik

(frz., zu griech. éros = Liebe, Liebesverlangen),
im weitesten Sinne alle körperl. und geistig-seel. Formen
der Liebe, einschl. der gleichgeschlechtl. Beziehungen
(Homoerotik) oder der Selbstliebe (Autoerotik).
Im engeren Sinne meint E. ausschließlich die körperl.
Beziehungen zwischen Sexualpartnern. Der Begriff wird
jedoch am meisten gebraucht zur Beschreibung der
sublimierten, d.h. der geistig-seel. Bereiche des sexuellen
Kontaktes. Hierzu gehören Gestaltungen der Kunst sowie
weite Bereiche der menschl. Kommunikation,
einschl. Publizistik, Werbung und Mode.

MEYERS GROSSES UNIVERSALLEXIKON,
letztgültige Ausgabe 1981 - 1986
Bibliographisches Institut AG,
Mannheim, Wien, Zürich

Sah ein Knab' ein Röslein steh'n,
Röslein auf der Heiden,
war so jung und war so schön,
lief es schnell, es nah zu seh'n,
sah's mit vielen Freuden.

Knabe sprach: „Ich breche dich,
Röslein auf der Heiden."
Röslein sprach: „Ich steche dich,
dass du ewig denkst an mich,
und ich will's nicht leiden."

Und der wilde Knabe brach
's Röslein auf der Heiden;
Röslein wehrte sich und stach,
half ihm doch kein Weh und Ach,
musst es eben leiden.

JOHANN WOLFGANG VON GOETHE

ERSTES BUCH
Bezauberung

Da entfachten Griechen noch
den Atem des Lichts.
Aber ihre Tempel sind zerfallen,
tot die Blaue Blume.
Geblieben
die verglühende Landschaft Wüste,
das metallische Klirren der Kiesel,
nachts.

Doch wenn Du einhältst,
zerfließen die Stimmen –
die Brücke der Vorstellung
zerbricht im Schatten Deines Gesichts,
Ufer geweitet wie Pupillen:
Ahnen umgibt uns,
verlischt,
lässt uns lächeln.

Mitten in der Menge,
unter all den zerfließenden, torkelnden,
wie in weiter Ferne schwankenden Körpern
habe ich Dein Gesicht gesehen,
im Morgenlicht,
unvermittelt,
ganz nahe,
mit verschmitztem Lächeln
und einem Hauch von Kuss auf den Lippen,
den Kopf stolz zum Gruß erhoben.
Getroffen,
benommen,
regungslos
bleibe ich stehen,
mitten in der tosenden, keuchenden Menge.
Ich habe Dich gesehen –
und Dich verloren.

Ich hebe den Kopf,
und Du stehst vor mir.
Ein zögernder Blick,
eine Frage in Deinem Gesicht,
die nackten Schultern,
die üppigen Brüste,
das enge Kleid,
die Mulde unter dem Bauch,
die schlanken Beine,
die anmutigen Fesseln.
Welche Macht ist es,
die mich
unbeirrbar
unentrinnbar
unbarmherzig
unbedingt
in Deine Arme treibt ?

Wenn einmal nur
ich ruhen würde
im Strom meines unstillbaren Wanderns,
in der Finsternis
meiner ewig kreisenden Ringe,

im grellen Licht meiner Schöpfung,
wenn einmal nur
ich meine Stirne
wasche mit der Lust meiner Sehnsucht,
trockne mit dem Staub meiner Wüsten,
weit hinaus sie strecke
in die Kälte der tiefen Schmerzen,

wenn einmal nur
ich einhalten könnte
in der Gefangenheit meines Denkens,
in den Netzen meiner Hoffnungen,
in den zerfallenden Räumen
meines Wollens -

dann möchte ich
so unsichtbar und schweigend und still
bei Dir sein
wie Tau,
der zärtlich und unendlich sanft,
wie der Hauch einer Ahnung,
wie selbstverständlich
in der Blüte

erwacht.

Kleines buntes Vögelchen,
pickst die Brosamen
hastig hüpfend tapsend
von meinem Fensterbrett,
obwohl Dir
die ganze Welt gehört.

Kleines buntes Vögelchen,
flieg hinüber für mich
zu der fremden Schönen
auf der Gartenbank
und grüße sie,
damit auch mir
die ganze Welt gehört.

Flieg auf,
kleiner, zierlicher Schmetterling,
erhebe Dich hoch in die sanften Lüfte
die Dich zärtlich umschmiegen
und tragen
mit Deinem zaghaften Herzen.
Liebe führt Dich empor zu den Wolken,
und Licht umschließt Dich wie ein Mantel,
um Deine Zartheit zu schützen
vor den rauen Winden
und den Schatten der Nacht.
Flieg auf,
anmutiger, liebevoller Schmetterling
und wage in den Höhen zu träumen,
an Deine Wünsche zu glauben:

Dir gehört die Welt -
denn Du selbst
bist die Welt.

Eigentlich bist Du ziemlich weit fort –
aber trotzdem
bist Du mir ganz nahe:
Hand in Hand läufst Du mit mir
über den Strand,
findest unser Plätzchen im nahen Pinienhain,
eroberst die Sonne für uns beide exklusiv.

Alles haben wir gemeinsam,
selbst wenn es nur
in unserer Vorstellung ist,
in unserem Wollen liegt.
Nichts trennt uns:
weder ein Abschiedswort,
noch eine Entfernung,
noch ein Gedanke.
Keiner Deiner Herzschläge verklingt in mir,
keine Deiner Gesten verblasst –
mit tauben Ohren kann ich Dich hören,
mit blinden Augen kann ich Dich sehen.
Mit allen meinen Gefühlen ergreife ich Dich.

Wieso nur
bist Du mir unentwegt so nahe ?
Weil Du tief in mir
in aller Zeit
atmest
wie eine wundersame Blume.

Dein Gesicht
verschließt die Welt des Verborgenen
vor allem,
was zerbrechlich ist.

Wie tief hast Du aus uralter Zeit
die Ahnung des Erkennens erfahren,
die Rätsel der Wahrheit geschöpft ?
Seherin bist Du,
stille Hexe der Enttarnung
und Kätzchen des Unsichtbaren.
Ruhig und schweigend wachst Du
im Willen zur Harmonie
über die Rituale des ewigen Suchens.

Du hast Deinen Zauber über mich geworfen
wie ein Netz,
in dem der Gefangene nun bereit ist,
mit geschlossenen Augen
Deinem Atem zu folgen.

Die zärtliche Rose
hatte nach dem Grau
des anbrechenden Morgens
den Atem des ersten Lichts
glücklich und tief getrunken,
hatte im Mittag,
als sie
ihre weißen, unberührten Blütenblätter
weit und sehnsüchtig öffnete,
das Glück der Erfüllung
taumelnd und verwirrt empfunden,
war am Nachmittag mit zagendem Herzen
dem Wachsen der dunklen Schatten
zögernd gefolgt
und hatte abends voll wehmütiger Trauer
den Abschied der Sonne erlebt.

Jetzt wachte die Rose in bangem Warten
in einsamer, langer Nacht,
ob ihr ein neuer Tag
geschenkt würde.

Ganz im Verborgenen
hat sich eine Träne
aus Deinem Auge gelöst.

Warum ich glücklich bin ?

Weil Deine Träne
mir Liebe verspricht,
wenn ich bleibe.

Auf jedem Stamm
verschmilzt ein Traum
mit meinem Sehnen -

auf jedem Ast
gedeiht ein Ruf
mit meiner Freude,

auf jedem Blatt
erwacht mein Glück
mit meinem Ahnen.

Ich höre Dich
in jedem Raunen,
das
durch die Wälder streift.

Du bist die Rose,
die wilde, kaum erwachte Rose,
die sich um mich rankt
wie um einen Baumstamm,
der ihr Sicherheit gibt
und Halt.
Du wächst um mich,
eng umwunden,
als sollten wir uns
untrennbar vereinen.
Du bist so gut für mich,
wie ich gut für Dich sein möchte.

All die Geborgenheit
und das Verständnis
und das Vertrauen
und die Liebe,
die Du brauchst und suchst,
will ich Dir geben.

Du liebst mich,
und ich wünsche mir nichts mehr,
als dass Du in Deiner Liebe zu mir
Dich selbst findest.

Der Traum meines Lebens bist Du,
der Morgen, der mir die Liebe bringt,
die Möwe, die mir die Unendlichkeit schenkt,
der Schmetterling,
dessen Anmut mich berauscht,
der Panther, der meine Sehnsucht stillt,
die kleine, süße Hexe, die alles in mir bewegt.

Du siehst mich an –
und der Wind zerzaust die Blüten nicht mehr.
Du nimmst meine Hand –
und die Brandung
zerfließt in den Weiten des weißen Sandstrands.
Du findest die Worte Deiner Liebe –
und mein Tag erreicht die Wärme des Mittags.

Du bist meine Liebe,
meine zierliche, ungeahnte,
alles umfassende Knospe,
die sich öffnet,
allein, um mich glücklich zu machen.
Ich möchte selbstverständlich für Dich sein,
wie der Mond, der der Sonne folgt.
Und ich möchte ganz Dir allein gehören,
wie der ewige Baum, der das Licht braucht.

Du meine tropische Frau,
die Sonne auf Deinem Gesicht
ist das Licht in Deinem Herzen.
Liebevoll umranken Dich Deine Schwestern,
die vollen Zweige
und Äste und Blütengirlanden,
mit zärtlichen, nimmermüden Armen.
Der Glanz Deiner Blicke spiegelt sich
in den Wassertropfen
auf schimmernden Blättern,
die sich wie weit geöffnete Hände
nach Dir strecken.
Dein Atem ist die Wärme,
aus der die urtümliche Kraft des Lebens
pulsiert
in den Wurzeln und Stämmen und Kronen.
Du bist die verwundbare Seele,
die unsichtbar
das Leid des Wachstums sieht,
um immer nur das Schöne zu gebären.
Alles mit Dir ist schön.
Weil die Schönheit in Dir lebt:
Du bist Liebe.

Trunken bin ich
in Deinen Armen,
Vergessen
hat mich gepackt,
Zeiten stehen still.
Da bist nur Du,
betörend
in allen meinen Sinnen,
die Ungewissheit des Tags
verschmilzt mit allem Zweifel.
Ich suche Dich.
Suchst Du mich ?
Wer bist Du ?
Wer bin ich ?

Du bist Tau
und Meer
und Flut
und Gischt
und Brandung
und die ewige Wiederkehr
der Wasser.

Und ich werde den Tau
aus der Unendlichkeit des Meeres
hüten
in meinem Herzen
wie in einer Schale.

Die Sonne erwacht
am fernen Horizont
im dunstigen Morgenlicht,
und alle Farben beginnen zu strahlen,
und alle Formen erhalten Konturen,
die Stimmen der Vögel erheben sich,
mein Tag bricht an.
Und da ist plötzlich
Dein Gesicht,
und Du
schlägst die Augen auf.

Die Vorstellung,
neben Dir in der Sonne zu liegen,
in Deine Augen zu schauen,
wortlos,
nur Dein Lächeln spricht.
Dich ganz nahe zu fühlen,
und doch nur
Deine Hand sacht zu berühren,
die Du mir gereicht hast,
um verbunden mit mir zu sein.
Deinen Herzschlag in mir zu erleben,
Dich mit allen meinen Gedanken
zu umfassen,
Dich mit allen meinen
Wünschen und Sehnsüchten
und Begehren
neben mir zu wissen,
nichts zu haben als Dich.

Die Stille gehört uns.
Wir brauchen nichts zu sagen.
Wir gehören einander.
Ich spüre Deine Blicke,
wie sie zärtlich
über mein Gesicht streichen.

Du sitzt,
zusammengekrümmt wie ein Kätzchen,
an mich geschmiegt,
und wie einem Kätzchen
streichle ich Dich am Hinterkopf.
Dein Gesicht ist geborgen
im Nest meiner Schulter,
und im Druck Deiner Hand,
die Du
auf meine andere Schulter gelegt hast,
spüre ich Deine Zärtlichkeit.
Es gibt so vieles an Dir
zu entdecken, zu lieben, zu begehren.

Mit Dir
gibt es keine Finsternis mehr,
die Sonne wird nie mehr untergehen,
so lange Du da bist.
Du bist ein Atem mit mir geworden,
der Augenblick, der nie vergeht,
ein Kosmos der reichen Ernte,
eine Quelle, die niemals versiegt.
Du bist alles für mich.

Da hebst Du Dein Köpfchen und sagst,
Du könntest meine Gedanken lesen.

Ich schaue in Deine Augen
und sehe den erwachenden Mond,
den eiligen Flug der zierlichen Schwalben,
das stille Wiegen des uferlosen Schilfs,
den Wind über den biegsamen Ähren,
die sprießenden Blüten
am rauschenden Bach,
die Sonne auf der weiten Lichtung.

Du aber fragst mich
mit unsicherem Lächeln:
Bist Du verliebt ?

In aller Stille
bin ich nicht allein.
Ich habe keine Angst mehr
vor ihr,
seitdem ich weiß,
dass in aller Stille
irgendwo
Wind in Blättern rauscht,
ein Bach murmelt,
Vögel Schwingen schlagen,
Menschen Worte flüstern.
Stille ist nie
völlige Stille,
einsame, verlorene, verzagende Stille.
Stille spricht,
Stille ist Kraft und Geheimnis
und Besinnung und Finden
und Trost.
Ich liebe die Stille,
weil Du
die Stille bist.

Ich habe mich in Dir entdeckt.
Ich selbst bin nicht mehr –
ich existiere in Dir.
Mit Dir gehöre ich mir
und gehöre ich Dir –
eine unverwechselbare Einheit.

Ich sehe Dir in die Augen,
und ich weiß nicht recht:
Bin ich nun in Deiner Welt
oder bin ich noch in meiner Welt ?
So viele Bilder von Dir
leben in mir:
Dein erhitztes Atmen,
wenn Du zur Begrüßung in meine Arme
kommst,
Deine zarte Hand,
wenn sie mir spielerisch versonnen eine
Rose schenkt,
Dein kaum wahrnehmbares Flüstern,
wenn Du Dich mir eng vereint gibst,
Dein Abschiedsblick,
wenn Dich die Umstände entführen.
Nichts mehr erlebe ich alleine –
weil Du überall in mir
und überall um mich herum bist.

Führe ich mein Leben –
oder Dein Leben ?
Wie gerne lasse ich mich von Dir
verwirren.

Weit hinaus streift Dein Blick
über den Frieden der wandernden Wolken,
den Meeresflug der einsamen Möwen,
das Glück der reifenden Ähren,
die verborgenen Quellen des Frohseins,
die verschneiten Wälder der Hoffnung,
die glühenden Wünsche der Wüste.
Und meine Sehnsucht erwacht.

Du hebst Deinen Arm,
als winktest Du mir zu,
komm,
komm zu mir,
scheinst Du zu sagen.
Und ich laufe los,
um Dich zu umarmen.

Aber da fällt Deine Hand -
und meine Hoffnung
erlischt.

Deine leisen Worte
setzen bunte Segel,
die der verlassenen Insel
zärtlich entgegen gleiten.
Wirst Du mein sein,

wenn wir atemlos
mit pochendem Blut
unsere Insel
betreten ?

Die zarte Rose
erwacht aus Träumen
voll Anmut und Zögern.
Aus ihrem schlanken Wuchs
sprießen zierliche Blättchen.
Das grüne Haupt
reckt sich empor,
drängt sich verwundert
an unbekanntes Licht.
Die Knospe öffnet
und weitet sich
langsam und bedächtig,
gibt ihr Innerstes frei
mit einem scheuen Lächeln.
Schönheit verspricht die Blüte.

Und ihr Gesicht
ist Dein Gesicht.

Gemeinsam
blicken wir über die Wasser,
und die Möwe am Pier
trippelt erregt auf uns zu,
mit fragendem Gesicht.
Bist Du meine Möwe,
möchte ich der Fels sein,
auf dem Du
immer wieder
Ruhe findest.

Ich liebe Deine Hände –
sie sind zart
wie die Flügel eines Schmetterlings
und anschmiegsam wie Tau,
der morgens die Blüte umhüllt.
Ich stelle mir Deine Hände vor,
wie sie über Papier gleiten,
Formen und Farben suchen
und ein Bild gestalten.
Und ich träume,
dass Deine Hände
zärtlich über meine Haut streichen,
um das Bild von Dir
tief in mir aufzuzeichnen.

Wenn Du im Halbdunkel
Dein Köpfchen zu mir hebst
und mich mit Deinen großen Augen
fragend anblickst,
wenn Du mich
das zierliche Profil Deines Gesichts
beobachten lässt,
während Du etwas lächelnd ersinnst,
wenn ich den Flaum Deines Haars
im Nacken streichle
und Du den Kopf zurückbeugst,
um meine Finger zu spüren,
wenn ich Dir etwas ins Ohr flüstere
und Du Dich dafür
zärtlich an mich schmiegst,
wenn Du mit deinen Händen
nach meinen Händen tastest,
um sie zu halten und an Dich zu drücken,
wenn Du mit Deiner Hüfte
und Deinem Oberschenkel
anmutig sanft wie zufällig
eine Berührung mit mir suchst,
wenn eine Vorübergehende
lächelnd an uns vorbei sieht,
wie wir die Arme gegenseitig
um uns gelegt haben,
uns aneinandergelehnt ansehen
und sich unsere Lippen berühren -

dann weiß ich und spüre ich
mit allen Fasern meines Seins,
dass Du meine Ewigkeit bist.

Licht des Bernsteins
ist Dein Haar,
Deine Augen
die Herkunft des Meeres,
weit geöffnet.
Zieht ein Lächeln
durch Deine Gedanken,
blüht die Rose.

Tief in Deinen Blicken
wächst das Sehnen
nach Geborgenheit.
Deine Hände
umfassen Dein Herz
in fragendem Ahnen:
Tau
Ist Zärtlichkeit.

Deine Nähe
ist Schlüssel
zum Geheimnis des Morgens,
in dem Dein Erkennen
lebt.
Wie eine Möwe
sucht Deine Empfindsamkeit
die Frucht der Stille.

Der Mond schimmert
in Deinen Augen,
den letzten Glanz des Tages
birgst Du
in Deinem Blick.
Mit hoch erhobenem Kopf
versprichst Du
die Erfüllung der Nacht.

Ohne einen Blick von Dir
endet die Nacht
niemals,
erstirbt
der Mond in den Bäumen,
verwaisen die blühenden Wiesen,
welken die Blätter,
kommen die Kraniche
niemals ans Ziel.
Ohne Dich
Ist in meinem Herzen
alles nichts.

Unsere Liebe
lebt in der Stille,
in einem Blick,
in einer Andeutung,
dem Hauch
einer zarten Berührung,
als ob sich
Deine Hand öffnet
zu einem Nest,
in dem meine Hand
geborgen ist
und Ruhe findet
wie das zierliche Vögelchen,
dessen leise Stimme
uns erschrickt
und uns
lächeln lässt.

Alles an Liebe
ist niemals selbstverständlich.
Aber wie selbstverständlich
denke ich an Dich,
schaue ich Dir in die Augen,
nehme ich Dich in meine Arme,
trage ich Dich in meinem Herzen.

Wie selbstverständlich
sehne ich mich nach Dir,
höre ich Deine Stimme,
setze ich mich
mit Deinen Sorgen auseinander,
schreibe ich Dir ein Gedicht.

Alles mit Dir ist selbstverständlich.
Als ob es niemals
eine andere Frau gegeben hätte,
einen anderen Traum,
eine andere Realität.
Du bist selbstverständlich.

Aber immer wieder,
wenn wir uns
treffen, sprechen, ansehen,
immer wieder
bist Du meine
ganz neue, unvermutete Liebe.

Für mich bist Du
die Schönste,
die Edelste,
Begehrenswerteste,
Sinnenhafteste,
Liebevollste,
Ewigste.

Denn Du
bist nur
mein Traum.

Die Harfe spielen
kann ich nicht,
auch nicht die zarte Leier.
Aber Dein Herz
möchte ich finden,
so wie der Prinz
seine Prinzessin umwirbt.

Du bist mir alles.
Das sagt sich so nett.

Aber bist Du auch
meine Barbie
(wegen Guckaugen und Blondmähne) ?

Oder meine Summsi
(wegen Bienchen und schwirrschwirr) ?

Oder meine Meg
(wegen bezaubernd und kuschelig) ?

Oder meine Marilyn
(wegen sexy und magisch) ?

Oder mein Engel ?
Oder meine Aphrodite ?
Oder mein Dornröschen ?
Oder meine Pusteblume ?

Du bist Du,
und das ist ganz sicher
alles für mich.

Niemals
will ich in Dir und mit Dir
genug
wohnen, träumen, ahnen, suchen, sehnen.

Zärtlichkeit, Verlangen, Lust an Leidenschaft -
oder einfach
das Taumeln nach Erkennen ?
Die Wirklichkeit zerrinnt
in Deinem wirr flatternden Haar,
im Zauber Deines Gesichts
und Deinen Augen,
die unendlich entfernt nahe sind.
Nur Dein Lächeln
löst das Rätsel der Wahrheit,
verraten durch die Stille Deiner Stimme.
Schon immer wusstest Du,
wer Du bist:
Erfüllung im Erwachen.

Komm zu mir –
ich fürchte nicht
die Hinrichtung auf dem Altar
Deiner weit geöffneten Pupillen.

ZWEITES BUCH

Hingabe

Du fragst,
ob Du mich glücklich machst.

Und ich sehe Dir in die Augen
und sehe mein Glück
tief in Deinem Herzen,
und ich weiß,
dass es für immer
dort bleiben möchte.

Deine Liebe
Ist der bunte Vogel,
der sich hoch hinauf
über die Wolken erhebt,
um das Licht der Sonne zu holen,
den Wind der Unendlichkeit zu atmen,
die Weite der Freiheit zu schauen -

und sich dann
mit rätselhafter Gebärde
flatternd sein Nest sucht
in meiner weit geöffneten Hand.

Unendlichkeit
lebt im Flug der zierlichen Möwe,
die unbeirrbar, rastlos, unaufhaltsam
über die glitzernden Wogen des Meeres gleitet.
Nichts kennt sie,
nur den Traum der Weite.

Und der Kern in winterlicher Erde –
wächst er nicht
im Träumen von Blüte und reifer Tat ?
Ahnen und Sehnen sind eins,
wie Vergessen und Erkennen,
Vergangenheit und Zukunft wirbeln
durch die Kathedralen glühender Magie
wie die uralte Wahrheit
aus versteinerten Gewölben.
Nichts bleibt, nur Lebenstraum:
Sterben, schlafen, nichts weiter.
Aber, ach, ein Schauspiel nur.

Doch manchmal,
wie das sanfte Erstaunen einer zärtlichen Hand,
verdichtet sich ein Traum
atemlos still
in sonnendurchwirkten
Tau.

Mit Dir.

Liebst Du mich ?

Ich trete hinaus
vor die Tür
und sehe
die Wiesen blühen,
die Bäche fließen,
die Wolken ziehen,
die Vögel kreisen,
den Wind
unendlich sanft
über die Gräser streichen.
Du liebst mich,
denn Du schenkst mir
alle Freude,
lässt mich alles erleben,
ohne dass ich selbst
etwas beigetragen,
etwas gegeben hätte.
Du liebst mich.
Und ich weiß nicht einmal
warum.

Meine Welt spiegelt sich
in Deinen Augen,
Dein Glück
Ist meine Hoffnung,
Deine Träne
ist mein Schmerz.

Schließt Du aber die Augen,
fällt Dunkelheit
und tiefe Nacht
in erbarmungsloser Finsternis
über mich.

Das Gewirr der Stimmen
in der lauten Welt
brennt wie die Glut des Feuers,
eiskalt erlischt die Zuversicht.
Glauben,
denken,
handeln ?
Nichts ist wahr.
Ist alles nur Einbildung,
ein schaler Traum,
zerfließende Hoffnung ?
Was bleibt ?
Der flatternde Vogel in den Lüften,
der sprudelnde Quell im Unterholz,
die reifende Frucht ?
Nur die stille Besinnung,
die uns vereint,
nur sie
zählt,
Tag und Morgen
ist eins für uns.

Mit geschlossenen Augen
liege ich neben Dir
regungslos
auf dem weißen Laken
und spüre
und höre
und empfinde,
wie Du Dich ganz sanft
und leise
und vorsichtig
und bedächtig
erhebst
und zum Fenster trittst
und es weit öffnest,
um den Frühling
und den Morgentau
und die erste Sonne
mit einem Lächeln
zu begrüßen.

Und Du wendest Dich um nach mir
und beugst Dich zu mir
und flüsterst:
Ich liebe Dich.

Ich möchte aufgehen
im Erwachen des schillernden Morgentaus,
im Schwarm der wilden Zugvögel,
in den Wogen der glitzernden Schaumkronen,
im sonnendurchwirkten Glast des Mittags,
im Dunst der unüberwindlichen Gebirge,
in der Üppigkeit des tropischen Dschungels,
im nächtlichen Flüstern des Wüstensandes,
im flüsternden Schilf des fernen Ufers,
in den Irrungen des zögernden Ichs.

Ich möchte aufgehen
in Dir.

Es ist dunkel geworden,
und ich blicke in mich,
ich suche mich,
ich durchdenke mich.
Wer bin ich ?
Es ist dunkel,
wenn ich
die Augen schließe -
und es ist dunkel,
wenn ich
die Augen öffne.
Bin ich genug ?
Ich weiß es nicht,
ich kenne mich nicht,
ich weiß nichts
von mir,
meinem Sinn,
meiner Bedeutung,
meinem Wert.
Bin ich genug
für Dich ?
Ich vertraue Dir.
Denn Du lebst
in meiner Dunkelheit
wie selbstverständlich
in mir.

Nachts höre ich
auf Dein gleichmäßiges Atmen
neben mir,
beobachte
Dein sanft gerötetes Gesicht,
als lebtest Du in Deinen Träumen,
Dein Haar,
das verwirrt über Deine Wange fällt,
Deine geschlossenen Lider,
die manchmal voll Leben zucken,
Deine Lippen,
das regelmäßige Heben und Senken
Deiner Brust,
Deine Arme,
die müde auf die Laken gesunken sind.

Die Decke ist beiseite geglitten,
gibt Dich frei in aller Kälte.
Behutsam beuge ich mich
über Dich
und ziehe das weiche Laken
ganz über Deinen Körper,
sachte und vorsichtig,
sonst könnte ich Deine Träume stören,
in denen ich lebe.

Ich umhülle Dich
mit dem Mantel meiner Gedanken,
der Verzückung meiner Worte,
der Verlockung meiner Arme,
Dir nahe sein möchte ich,
mit Dir verschmelzen,
eins sein mit Dir.
Und vereint mit Dir
möchte ich aufsteigen
in die unendliche Welt
des weiten Wolkenmeers,
die unüberschaubaren Gefilde
des Regenbogens,
möchte einsteigen
in den Nachen der Träume
und des Vergessens,
um dann mit Dir
glühend zu lodern
wie Feuer.

Male ich ein Bild von Dir,
sehe ich Deine sanfte Anmut,
die Sehnsucht auf Deinen Lippen,
Deine grenzenlosen Blicke,
den Tatendrang in Deinen Augen,
erkenne Deine Ergebenheit,
Deinen Frohsinn,
Deine Lebensfreude,
zeichne Dein Gesicht,
Deinen zierlichen Körper,
Deine Brüste,
Deinen Po,
Deine schlanken Beine,
halte Dich fest
mit allen Sinnen.
Aber wie erfasse ich
die Unendlichkeit
Deiner Liebe ?

Meine beiden Arme
sind weit ausgestreckt,
als umfassten sie die ganze Welt,
und ich schließe die Augen,
als wäre ich blind.

Die eine Hand
weist
nach oben und unten,
nach vorne und hinten,
nach links und nach rechts,
in alle Richtungen.

Die andere Hand aber
weist
einzig auf Dich.

Zwischen den Zinnen hinweg
blicken wir über die Weite des Meeres
bis hin an den dunstigen Horizont.
Die weiße, glühende Sonne
brennt knappe Mittagsschatten
auf das zerbröckelnde Gestein
der alten Burg.
Wir stolpern die steile Treppe hinab,
im Hof klingt eine Gitarre.
Und als Du meine Hand ergreifst,
empfinden wir beide
so etwas wie
einzigartige
Ewigkeit.

Der schwarze Rabe
tief in meinem Herzen
ist meine Sehnsucht
auf der Flucht
vor meiner Einsamkeit.
Er schlägt die Krallen
grausam, mitleidlos, gewaltsam
in mein Fleisch,
seitdem er Dich
gesehen hat.
Doch breitet er sich aus
mit weit gespannten Flügeln,
setzt friedlich er sich
auf Deine nackte Schulter
mit einem Lächeln bloß.

Der Duft Deiner Haut,
Deines Haars,
Deiner Lippen,
Deines Körpers
verwirrt mich,
als wärst Du
der Hauch des sinnlichen Frühlings,
und wir würden uns
auf der blumendurchwirkten Wiese
sehnsüchtig umschmeicheln
und innig anblicken
und zärtlich betasten
und uns voll Hingabe finden,
als gäbe es für uns
weder Einhalt
noch Zweifel.

Die sinkende Sonne
wirft unser beider Schatten
langgestreckt
über das herbstgefärbte Laub,
das unseren Weg
bunt übersät.
Wie viele Sommer
haben wir mitsammen gelebt,
Stürme und Fluten
mit geeinter Kraft bestanden ?

Die sinkende Sonne
verschmilzt unsere Schatten
zu untrennbarem Sein,
um uns
selbst in kältester Nacht
unlösbar
miteinander
verbunden zu wissen.

Anfangs warst Du Tau,
in dem ich
das Nahen des Morgens spürte,
die schöne, zierliche,
unbeirrt suchende Möwe,
die vor mir aufflog,
um mir ihren weiten Horizont
in Licht und Schatten zu zeigen.

Mit Deinen großen Augen
voller verborgener Geheimnisse
und magischer Hexenwahrheit
hast Du mich zu Dir geführt
in Deinen wundersamen Garten,
im dem Du selbst die tiefsten Wunden
Deiner Blumen zu heilen vermagst.
Du hast mich angenommen,
wie auch ich Dich angenommen habe -
ein Stern begleitete uns.

Jetzt liegst Du eingebettet
in meinen Armen,
und alle die zarten Knospen
reifen zu prächtigen Blüten
auf unserer
sonnendurchwirkten Wiese der Liebe.
Vereint sind wir
wie in einem ersten Kuss.

Die Wolken ziehen dahin,
der Abend dämmert,
von der Kerze tropft Zeit.
Du liegst neben mir
mit weit geöffneten Augen,
und in Deinem Gesicht
steht eine Frage,
zögernd
siehst du mich an.
Alles kann sein,
wie es ist –
oder auch nicht.
Du reichst mir Deine Hand,
und ich drücke sie
fest an mein Herz.

Du bist meine Frau,
in Deinen Gedanken und Deinen Worten,
in Deinen Berührungen und Deiner Hingabe,
in allem, was Du lebst.
Du bist verwoben mit mir
wie die Tage und Nächte,
die ineinander übergehen,
ohne jemals zu enden.
Du bist zu meinem Ich geworden,
verschmolzen von der Wärme Deiner Liebe
mit unserem Sehnen nach Gemeinsamkeit.
Du bist für immer Licht.

Und Du fragst:
Liebst Du mich ?

Gefangen in der Stille
höre ich den Wind,
der Dein leichtes Sommerkleid
mit beiden Händen fasst,
so wie ich Dich
fassen möchte
mit meinem ganzen Herzen
im Licht der Sonne
und im Wandern
der Wolken.

Du erlöst mich
aus meiner Dunkelheit,
aus meinem
dumpfen Denken und Sinnen
mit Deinem Anblick.

Mitten in meinem Schmerz
bist Du da,
um Dich
eng an mich zu schmiegen,
mich zu umfassen,
mich zu liebkosen,
leise zu flüstern.

Ein Wort nur von Dir
lässt mich genesen
aus meiner tiefen Finsternis.

In jeder Blüte
kann ich
Dein Lächeln sehen,
wenn Du
vor mir stehst
und mich fragend
anblickst.

Du gibst mir keinen Namen,
damit ich immerfort
in Deinen Träumen leben kann,
aber Du gibst mir Deine Hände
und Deine Haut und Deine Blicke,
um mir unsere Welt zu schenken:
Du setzt in mich die Sehnsucht,
nichts mehr haben zu wollen,
weil Du alles bist.
Dein Atmen ist die lockende Versuchung,
an Dich zu glauben,
Deine Gedanken sind die Wünsche,
die ich immer schon gehabt habe,
Deine Nähe ist die Selbstverständlichkeit,
mit Dir zu sein:
Sei mir fern und umfasse mich,
schließe Deine Augen und blicke mich an,
bleibe stumm und sage mir alles von Dir.
Sage mir,
dass Du mich liebst.

Du kannst lieben
wie eine unschuldige kleine Hexe,
die vor der Türe steht
und einen Schritt macht,
um in meine Arme zu kommen.

Längst hast Du die Schatten in mir vertrieben
mit der Freude auf Deinem Gesichtchen,
mit Deinen anmutigen Bewegungen,
wenn Du mit mir gehst,
wenn Du Dich an mich schmiegst.
Längst hast Du den Schmerz aus mir verbannt
mit dem tiefen Geheimnis,
das in Deinen Augen steht
und mit der Wärme Deiner zarten Berührungen,
wenn Du, Hexe, neben mir liegst.

Du sagst es nicht mit Worten,
Du sagst es in Deiner Hexensprache,
mit allen Deinen Gedanken und Blicken,
mit Deinem Verstehen
und Deinen Aufmerksamkeiten,
mit Deinen kessen Hexensprüchen und Listen.
Du sagst es nicht,
aber alles an Dir bedeutet mir,
dass Du mich liebst.

Ich möchte so sehr
Dein Herz in der Stille hören,
Deine Stimme spüren,
wenn sie mir geheimnisvoll zuflüstert,
Deine Hände erahnen
in zärtlicher Berührung.
Ich möchte Dich
in meinem ganzen Erwachen
tief erfahren.

Denn Du bist
Glut und Gold
und Klarheit und Vergessen
und Zimt und Zärtlichkeit
und Wind und Morgenröte
und Lilie und Vollmond.
Es ist so leicht,
Dich zu lieben,
wenn man
Dich liebt.

Mit all Deinem Wesen
formst Du Linien und Farben,
und die Ringe schließen sich
in den Gedanken Deiner Bilder,
der Zauber magischer Ahnung
liegt über Dir,
geboren
aus der ungestümen Brandung des Meeres
und der Sanftmut der Muschel.
Im Schaum der Gischt
hast Du das Gesicht erfahren,
das aus der Sehnsucht der Möwe
das Gestern und Heute
und Morgen und Immer
zum Blau des Horizonts verschmilzt.
Lichtfluten der Sonne nehmen Dich auf,
tragen Dich in der Schale beider Hände
empor in die ungedachten Höhen
wortloser Zärtlichkeit.
Mit dem weit geöffneten Herzen der Sehenden
tauchst Du hinab
in die tiefen Urgründe des Seins,
empfängst die Korallen des Schmerzes
wie die perlengleiche Anmut des Lächelns.
Trägt Dich der Wind zurück
an die Ufer des Lebens,
schenkst Du die Harmonie des Morgens
mit dem Antlitz des Taus
an mich.

Du bist es.

Mit geschlossenen Augen
kann ich Dich
sehen,
Hand in Hand mit Dir
träumen,
Wort für Wort mit Dir
empfinden.

Und legst Du Deine Arme um mich,
atme ich
mit Deinem Herzen.

Wie Schilf bist Du,
meine meeresäugige Frau,
wie wogendes Schilf
in der Kälte und der Nacht des Sturms,
der Dich schüttelt und beugt
und Dich zu vernichten droht.
Aber nichts,
nichts,
nichts
kann Dich brechen,
kraftvoll weist Du hoch aufgerichtet
nach jedem Sturm und Wind und Hauch
hinauf in das Blau des Himmels,
tief in Dir
lebt das Geheimnis der Unbezwingbarkeit.
Denn Du liebst.

Der weite See
liegt uferlos vor Dir
und spiegelt die Sonne.

Ich will Dich
mit Deinen Augen sehen,
ich will eintauchen
in Deinen Atem,
ich will leben
in Deinem Pulsschlag.
Denn der Geruch Deines Haars
verspricht
die Wonne Deines Körpers.
Dein schüchternes Lächeln
verspricht
den Reiz Deiner Sehnsucht.
Und plötzlich ist
Dein Versprechen
auch mein Versprechen.

Ich blute
mit Deinem Herzen,
in Deinem Antlitz
erkenne ich mich.
Nackt
bist Du mein Atem,
auf allen Wegen
bist Du mein Licht.
Ich weiß nicht,
wer ich bin –
aber in allem
sehe ich
Dich.

In tiefer Nacht
öffnest Du
Deine Flügel,
und ich falle
in die unendliche Weite
Deiner Sehnsucht.

Dein Haar birgt den Duft
von weiten, zärtlichen Gestaden,
wo Möwen auf den Klippen ruh'n
und das Licht alles Leben bestimmt.
Ich möchte dem Duft Deines Haars folgen,
an Deiner Hand,
dorthin,
wo alle Wogen geglättet
Deinen inneren Frieden ans Ufer spülen,
der weiche Sand unser Bett ist
und wir abends dem Wind lauschen.
Sieh' die Möwe,
die frei und glücklich
hoch über uns am Horizont segelt –
auch sie hat einmal von der Grenzenlosigkeit
nur geträumt.

Überall
möchte ich in Dir leben,
in Deinen sonnendurchfluteten Träumen,
Deiner sanftmütigen Sehnsucht,
im Labyrinth Deiner Gedanken,
in der Vorstellung Deines Willens,
der Wildheit Deines fiebernden Blutes -

und
in Deinen Augen,
die weit hin
über die reifen Felder des Sommers blicken
und den Winter
zärtlich vergessen haben.

Die Sonne gehört uns,
wo im satten Duft des Mittags
der kleine, bunte Schmetterling
im hohen Gras der blühenden Wiese
tief geborgen ist.
Du liegst in meinen Armen,
und ich spüre Deine weiche,
sanfte, nackte Haut an mir,
und der kleine, bunte Schmetterling
hat keine Angst mehr
und sieht mich
mit fragenden, weit geöffneten Augen an.

Liebst Du mich ?
Worte zählen nicht,
nur die Bilder unserer Träume
flüstern im Wind.
Zärtlich streichle ich Dir über die Wange,
und Du gibst mir Dein Geschenk:
Dein Lächeln.

Ich träume,
dass Du in unendlicher Weite,
fern von jedem Horizont
nackt bei mir liegst.
Ernst und fragend siehst Du mich an,
ich kann Deinen Atem
an meiner Brust spüren,
das leise Beben Deiner Arme,
die Du um mich legst.
Dein Kopf liegt an meiner Schulter
wie in einer Höhlung
unvergänglicher Geborgenheit.
Der Geruch Deines Haars ist um uns,
Deine Augen weiten sich uferlos.

Alles kann sein –
oder nicht.
In Deinen Armen bleibt die Ewigkeit
für einen Augenblick stehen,
Zeit tropft wie von einer Kerze
in die Stille.
Du sagst leise: Ich liebe Dich.
Und der Tau des Morgens
lässt in mir
eine ungeschaute, unendliche Welt
erwachen.

Schließe die Augen und schaue in Dich,
wenn meine Nähe Dein Herz schlagen lässt,
Dich benommen macht,
Dich mit allen Gedanken erfasst.

Schließe die Augen und schaue in Dich,
wenn meine Hände Deine Schläfen berühren,
Deinen Nacken liebkosen,
Deine Schultern streicheln.

Schließe die Augen und schaue in Dich,
wenn meine Lippen Deine Lippen suchen,
Deinen Mund öffnen,
Dein Begehren entfachen.

Schließe die Augen und schaue in Dich,
wenn meine Zunge auf Deiner Haut spielt,
Deine Brüste erweckt,
Deinen Nabel erreicht.

Schließe die Augen und schaue in Dich,
wenn mein Körper sich an Deinen drängt,
tausend Wünsche in Deinem Bauch erregt,
eins sein möchte mit dir.

Schließe die Augen und schaue in Dich –
denn ich lebe in Dir.

DRITTES BUCH
Leidenschaft

Der süße Klang der Flöte
lockt
und ergreift Dein Herz,
um ungeahnte Frau zu sein,
stürmisch und wild.

Tanze für mich,
meine schöne, ungebärdige Hexe,
lass Deine Röcke betörend wirbeln,
Dein Haar verwegen flattern,
Deine Brüste sinnlich torkeln
in ungezähmter Leidenschaft.
Lass Dich gehen,
sei völlig gelöst,
verwirf Dein Denken,
vergiss Dich selbst -
um mir zu gefallen.
Tanze für mich !

Bist Du dann müde,
sinkst Du atemlos in meine Arme,
während der Klang der Flöte
in der Stille verstummt,
um in uns pochend zu leben.

Dein zartes Kleidchen
flattert und fliegt,
verbirgt im Schatten Deiner Schenkel
Sehnsucht und Lust,
wirbelt fröhlich empor,
wenn Du tanzt
mit Lachen im Gesicht.

Verführst Du mich,
wenn ich atemlos warte
auf den einzigen Augenblick,
in dem sich
endlich und unendlich
die weiße Spitze
Deines Slips zeigt,
hastig und unfassbar,
nur einen Seufzer lang ?

Nackt entkommst Du
der unbändigen Brandung,
Dein Haar verklebt im Gesicht,
Deine Brüste voll tropfender Perlen,
Dein flacher Bauch zitternd vor Kälte,
Deine Schenkel auf stürmischer Flucht,
Deine Füße wirbeln den Sand hoch auf.

Keuchend wirfst Du Dich
in den weichen Sand,
und Dein heißes Geschlecht
öffnet sich
und wartet auf mich.

Etwas verwirrt Dich,
was draußen vor dem Fenster
vorgehen mag,
und eilig trittst Du hin
bloß im schwarzen Höschen
in morgendlicher Nacktheit
und öffnest beide Fensterflügel,
und sanfter Zugwind wirbelt hoch,
spielt liebevoll mit Deinem Haar,
umschmeichelt Deine sonnenbraune Haut.
Da sehe ich,
wie sich Dein Höschen löst und gleitet,
den glatten Po kaum mehr umhüllt,
und neigst Du Dich ganz tief vornüber,
um besser zu sehen,
was draußen Dich so sehr verwirrt,
fällt Dein Höschen
über schlanke Schenkel
und entblößt
die dunklen Konturen Deiner Schamlippen.

Und beide sind wir nun
verwirrt.

Du kleine, süße, sanfte Hexe,
Dein Zauber entfacht in mir
stürmisches Begehren,
die Rätsel Deiner Blicke zu brechen,
die Magie in Deiner Umarmung zu erkunden,
das Netz meiner Leidenschaft
zärtlich über Dich zu werfen,
um mit Dir in Deiner Hingabe gefangen zu sein.

Ich will Deinen zarten, biegsamen Körper
mit meinen Händen fassen
und Dein Herz schlagen hören,
ich will mich an Deinem bebenden Atmen
und Deinen verwirrten Blicken berauschen,
ich will Deine glatte, betörende Haut
über und über mit meinen Küssen bedecken,
ich will die Hitze und die Feuchtigkeit
zwischen Deinen Schenkeln
lustvoll erfassen und Deine Glut entfachen,
ich will eins sein mit Dir,
wenn ich hart in Dich eindringe
und immer wieder in Dich zustoße,
wenn ich will, dass Du ganz mir gehörst,
wenn ich tief in Dir uns beide erlebe.
Jeden Augenblick in Dir möchte ich auskosten
und in Deine verwunderten Augen schauen,
wenn ich Dir sage,
wie sehr ich Dich liebe.

In meinen Träumen
tappt eine niedliche Zimthexe
mit außerordentlich süßem Po
sanft wie ein Kätzchen vor mir her.

Sie dreht sich nach mir um,
und ihr Gesichtchen
wird zu zwei riesengroßen Meeresaugen,
und plötzlich spüre ich ganz nahe
die Biegsamkeit und die Glut ihres Körpers,
ihr heftiges Atmen,
ihre forschenden Hände auf meiner Brust,
meinem Bauch,
meinen Schenkeln,
meinem Geschlecht,
das sie umfasst,
erst zart und zögernd,
dann fest und begehrlich,
entschieden und entschlossen, fordernd,
bis ich in sie eindringen möchte,
sie unverzüglich spüren will,
tief und heiß und nass
und berauschend willig,
unendlich.

Da schmiegst Du Dein Köpfchen
sanft auf meine Schulter
legst Deine Arme zärtlich um mich,
mit geschlossenen Augen,
und die Wirklichkeit
beginnt viel schöner
als mein heftigster Traum.

Du bist mein Traum
von Zimt und Schlange und Bambus,
sehnsuchtsvoll gelebt in
Deinen weit geöffneten Augen,
Deinen weit geöffneten Armen,
Deinen weit geöffneten Schenkeln,
die mich sanft und weich und zärtlich
gefangen halten
in einem feuererfüllten Meer
berauschender Hingabe.

Deine anmutige Nacktheit ist die Brücke
zu all Deinen unausgesprochenen Gedanken:
Du umschlingst mich
mit Deiner Leidenschaft,
die nicht ruhen will,
bevor ich mit ihr verschmolzen bin,
Du hältst mich fest mit Deiner Liebe
in Deiner nassheißen Muschel,
um mir
unverbrüchliche Ewigkeit zu versprechen.

Ich schlafe tief,
aber ich spüre den Druck,
die feste, warme Rundung
Deines glatten Hinterteils
an meinem nackten Rücken.
Wachen oder Träumen ?
Ich weiß es nicht,
ich fühle bloß
ungestilltes Verlangen nach Dir,
will Deine Berührung,
Deine Nähe,
Deinen Zauber
tief erfahren,
um von der Lust meines Begehrens
ewig zu träumen.

Ganz ruhig liege ich da,
als Du die Augen
aufschlägst.

Komm, süße, geliebte Frau,
die meine Träume beherrscht,
komm, betörende, rätselhafte Hexe,
die mich verzaubert hat,
komm,
Du wilde Katze, die mich gefangen hält,
schlag mir Deine Krallen
in mein zuckendes Herz,
ich will Dein Opfer sein,
meine Lust in Deiner Leidenschaft finden,
Dich umgarnen, wie Du mich umgarnst,
Dich packen, wie Du mich packst.
Deine Blicke sind Dolche
wie meine Sehnsucht,
Deine Haut ist glatt wie mein Begehren,
Deine Hände wissend wie meine Hingabe.

Ich dürste nach dem süßen Tau
zwischen Deinen schlanken Schenkeln
Lippen auf Lippen
will ich ihn trinken,
Dein heißes Wollen auskosten
im süßen Geschmack Deiner Willfährigkeit,
meine Erregung mit Deinem Stöhnen
paaren
bis in die Unendlichkeit.

Wie Du nackt vor mir
mit dem Rücken auf dem Bett liegst,
die Hände unter dem Kopf verschränkt,
die blasse Haut überall,
kleine Brüste in sich versunken,
einen Schenkel hochgezogen
und leicht angewinkelt,
die Schambehaarung wie lichter Flaum,
Dein Blick verloren auf mich gerichtet –
dann könnte ich Dich umarmen
mit all meiner Zärtlichkeit
und Einsamkeit
und Verlorenheit
und Hingabe.
Warum aber
ist Liebe für Dich
Ferne ?

Mit dem Antlitz zur Sonne
fliegst Du am Bug
des uralten Kahns
durch Stürme und Gischt,
Nymphe,
Sirene,
Gallionsfigur meiner Träume,
mit der ich die Wasser durchfurche,
unentwegt wie die glitzernden Wogen,
die in aller Ewigkeit
die schäumende Brandung suchen.

Nackt
umspült von Wind und Meer
biegst Du mir
Deinen Körper willig entgegen,
Deine Lust
durchströmt meine Adern.

Und benommen
stoße ich zu,
mitten in Dich.

Du zeigst Dich kalt
und frostig
und unnahbar.
Aber ferne hinter dem Horizont
Deiner weit geöffneten Pupillen
lauert Dein seltsames Geheimnis,
ein funkelndes, sprühendes Rätsel,
das mich gefangen hält,
mit mir spielt,
mir alle Sinne lähmt,
mich bannt und wehrlos macht.
Und dann
wandelt sich
ganz plötzlich
Dein nüchterner, abschätzender Blick
sekundenschnell
zum glitzernden Auge der Löwin,
die lustvoll und begehrlich
die Pranke hebt,
um ihr williges Opfer
in einem einzigen Augenblick
im tiefsten Innersten
zu packen.

Gefangen bin ich
in Deiner Lust,
der Glut Deiner Nähe,
dem Feuer Deiner Blicke,
der Hitze Deines Atmens,
dem Zittern Deiner Stimme,
dem Zucken Deiner Lippen,
dem Druck Deiner Arme,
dem Beben Deiner Brüste,
dem Locken Deines Nabels,
der Wölbung Deines Bauchs,
der Glattheit Deiner Schenkel,
dem Drängen Deines Unterleibs,
dem Geruch Deines Schamhaars,
der Weichheit Deines Geschlechts,
dem Schrei Deiner Ergebenheit,
der feuchten Hitze
Deines tiefsten Innersten.

Oder ist etwa
Deine Lust
meine Lust ?

Wie glänzende Seide
Ist Deine Haut,
wenn ich Deine Schläfen betaste,
Deine Wange streichle,
Deinen Hals berühre,
Deine Brüste zum Erwachen bringe
mit meiner Zunge,
die alles Wachsen wonnevoll spürt,
eilig und haltlos
zu Deinem Nabel gleitet,
eine feuchte Spur
auf Deinem bebenden Bauch hinterlässt,
Dein wildes Haar benetzt
unhaltbar in die Tiefe stößt.

Und mit Deinem Stöhnen
taucht meine Zunge ein
in Dein vor Erregung
nasses Geschlecht.

Deine weit geöffneten Augen
versprechen mir
Traum und Entrückung,
Dein zierlicher, stolzer, schöner Körper
erweckt in mir
die Hoffnung der uferlosen Weite,
Deine zarten, kleinen Brüste
sind mir
wie das Spiel des Wassers an frischer Quelle,
Dein glatter Bauch
verzehrt mich in fieberndem Verlangen,
Deine schmiegsamen Schenkel
sind Boten zitternder Beute
in der Zärtlichkeit meiner Hände,
Deine Unberührtheit
ist wie die Kralle des Tigers,
die sich tief in mein Herz geschlagen hat.

Dein heißes, nasses Geschlecht
fängt mich ein
wie die Falle im Unterholz des Dschungels.

Du verwirrst mich
mit Deinen Händen auf Deinen Brüsten,
mit denen Du zärtlich spielst,
die harten Spitzen
zwischen Deinen Fingern labst -
und mich anblickst.

Dein nackter Bauch
fließt zu mir
mit jeder Deiner Bewegungen,
wiegend und fordernd
und lockend
und begehrlich.

Und Du beugst Dich
tief hinab
zu Deinen Beinen
und lächelst
und spielst
und streifst
und ziehst
an Deinem winzigknappen Höschen -
und das letzte Stückchen Bedeckung
sinkt
und fällt
leise und sanft
wie eine heimliche, bunte Vogelfeder
wortlos zu Boden.

Machen wir es ?
Lassen wir
den glühenden Vogel
frei
in die Lüfte steigen ?

Dein Zögern verrät dich.
Denn längst
hast du unseren wilden Vogel
an deinen Brüsten
genährt.

Komm, fasse mich,
lass Deine Hand
mit Deinen Gedanken
und Deiner Fantasie
und Deinen Träumen
und Deiner Begierde
rhythmisch
auf und ab gleiten.

Komm, tu' es
sanft und weich und vorsichtig,
rastend und wartend und ruhend,
haltend die Lust,
verzögernd die Vollendung,
um dann beherzt und hart
voranzueilen.

Komm, mach' es,
gib mir mein Stöhnen,
meine Atemlosigkeit,
mein unhaltbares Keuchen,
meinen wilden Schrei,
meine tiefe Erfüllung.

Die Lava des Vulkans
trifft Dich
mitten ins Gesicht.

Du gibst dich hin,
als wäre es zum letzten Mal.
Du willst nicht teilen:
entweder alles
oder gar nichts.
Und ich möchte Dein sein,
um in unserer Einheit
einzig zu vergehn.

Du neckst mich
mit der harten Spitze
Deiner lüsternen Zunge,
die Du verwegen
über meinen Hals,
meine Schulter,
meinen Nacken
gleiten lässt,
begehrlich und fordernd.
Und Deine harte Spitze
streicht weiter
über Haut und Haar
und Brust und Bauch und Nabel
und nähert sich
dem kaum Erwachten.

Da nehme ich
die Herausforderung
stürmisch an
und dränge meine harte Spitze
tief in Dein nasses Nest.

Bin ich in Dir,
taumelt die Welt,
zerrinnen die finsteren Träume,
verlöschen die Wirklichkeiten
in Deiner feuchten Tiefe.

Ich spüre nur Dich
in nasser Gefangenschaft,
nur Deine Sanftheit und Wärme
wohnen in mir,
lassen mich nicht mehr
aus Dir entweichen.

Halten wir an,
nur einen Herzschlag,
um uns zu vergessen,
unsere Lust zu genießen,
miteinander zu verschmelzen,
die Ewigkeit zu erwarten.

Der letzte Stoß
ist unser gemeinsamer Schrei,
die unhaltbare Flut
der Beweis
unserer innigen Vertrautheit.

Deine Lippen öffnen sich
zart umfassend,
um mich tief in Dich
heiß atmend
aufzunehmen.
Deine Lider gesenkt,
Deine Worte verstummt,
Dein Beben versiegt.

In aller Ewigkeit
möchte ich
still in Dir
ruhen.

In der Sonne
des schwülen Nachmittags
liegt Deine Hand
reglos auf dem orangen Badetuch,
Dein Köpfchen mit der langen, wirren Mähne
ruht zur Seite gedreht,
geschlossene Augen,
Du atmest kaum.

Deine braunen Schenkel
stehen leicht erhoben
weit geöffnet auf dem Laken.
Zwischen den Grübchen
am Ansatz Deiner Beine
nistet schwarzer Flaum,
Dein Minislip spannt eng,
bedeckt nur knapp
den prallen Schamhügel,
verbirgt die tiefe, dunkle Mulde,
die Deine beiden Lippen trennt,
voll und bereit.

Ich kann den Blick nicht hemmen,
kein Schatten hindert
mein Begehren.
Faun,
willst Du mich ?

Ich sehe Dir zu,
wie Du Deine Brüste liebkost,
Deine Fingerspitzen spielerisch
die beiden dunklen Hügel erwecken,
wachsend hart aus weißer Haut -
hoch aufgerichtet und stolz
blickst du mich an,
lässt spöttisch lächelnd die Finger gleiten
sanft von den Brüsten zu Nabel und Bauch,
schließt die Augen
und genießt den Druck Deiner Hände,
bis Dein Lächeln gewichen ist
dem heftigen Atmen,
und plötzlichem Stöhnen und eruptivem Beben,
wenn Deine Finger eindringen in Dich,
mit heftig zurück geworfenem Kopf,
und halb geschlossenen Lidern
reibst Du in Dir die Ewigkeit herbei,
endest schließlich mit dem leisen Schrei
der Erlösung.

Befreit blickst Du mich an,
und in Deinem Blick
sind wir vereint.

Du blickst zu mir empor
mit erregt geröteten Wangen,
während Deine Lippen
mich sanft benetzen
und Deine Zunge
feucht um mich wirbt.

O süßes Verschmelzen,
da Deine Blicke wissend
meine Lust erkennen,
Deine Beharrlichkeit mich fordert,
Dein zartes Gleiten mich treibt,
Dein Saugen mich entrückt.
Ich möchte schreien.

Aber Du hältst ein,
schelmisch lächelnd,
um den ersten Tropfen
freudig in Dich aufzunehmen,
bevor Du mich voll Nachdruck
mit Deinem ganzen Mund
fest umschließt.

Sturm zieht auf
mit grollendem Donner,
draußen rauschen die Wälder,
Regen pocht an die Fenster.
In der Stille der Stube
finden wir uns
in inniger Wärme
umschlungen.
Tief in Dir
spüre ich Dich,
Deine heiße Glut
und Dein nasses Verlangen,
Dein Sehnen und Wollen.
Ich stoße zu,
stoße immerzu
in Dich,
in Dich,
in Dich.
Da zuckt und kracht ein Blitz
mit der Macht des Sterbens.
Und ich entlade mich in Dir
völlig erlöst.

Erst Deine Lust
lässt die Flamme in mir
emporlodern,
erst Dein leises Stöhnen,
Deine geschlossenen Lider,
Deine Zunge, die Deine Lippen netzt,
der Druck Deiner Hände
auf meinen Hüften,
die Berührung Deiner Haut,
das Suchen Deines Atems,
Dein begehrendes Erschauern -
erst Dein Schrei
lassen mich
den Willen Deiner Liebe
erkennen.

Da öffnest du die Augen
und meinst,
es sei sehr heiß hier
unter der glühenden Sonne.

CHRISTIAN SCHOLZ

Geboren 1944 in Wien, veröffentlichte schon früh Kurzge-
schichten in deutschsprachigen literarischen Zeitschriften,
Magazinen und Wochenendbeilagen von Tageszeitungen
sowie Essays in Büchern. Später neben Romanen und Kurz-
geschichten auch Bearbeitungen und Neufassungen von
Klassikern der Jugendliteratur, umfangreiche Sammlungen
internationalen Sageguts und Sachbücher verschiedener
Thematik. Nach der ersten freiberuflichen journalistischen
Tätigkeit Redakteur des Kulturressorts einer führenden
österreichischen Tageszeitung, dann leitende Stellung in
einem internationalen Medienkonzern und schließlich
selbständiger Unternehmer im Bildungsbereich. Auch lan-
ge Zeit tätig als freier art-Fotograf von Kultur, Landschaft
und Mensch. Veröffentlichungen vor allem in den Verlagen
Deutsch, Wiener Verlag, Poseidon Press, Omnibus, Herder,
Weltbild, Bertelsmann, Ariston, Kiesel und Welsermühl.

Ich habe eben Ihre Arbeiten gelesen
und den Eindruck gewonnen,
dass Sie sehr begabt sind.

Hans Weigel

Hans Weigel
Schriftsteller, Kulturkritiker
1908 - 1991

IN GLEICHER AUSSTATTUNG ERHÄLTLICH:

Das Spiel
von Egoismus und Liebe

Der Mann, der seine Begierde
lüstern auslebt und gehörig
überrascht wird.
Das junge Mädchen, das sich in
seinen Gefühlen tödlich irrt.
Der Verführer, der kaltblütig
eine große Liebe zerstört.
Unbezähmte Leidenschaft
bis tiefe Einsamkeit
in erbarmungslosen,
überwältigenden, tiefgründigen
Momentaufnahmen.
Eine Analyse verzweifelter Spannungen
und unverhohlenen Glücks
in einer schalen Gesellschaft.

In diesen 17 Menschenporträts
verschmilzt krasser Realismus
mit zarter Poesie. Melancholie
bestimmt die Suche nach Erfüllung,
die immer dort endet,
wo die Wirklichkeit beginnt.
Lebenspralle Bilder in sorgsam
abgetasteter Sprache, die bis in
intime psychologische Details führen.

tredition®

CHRISTIAN SCHOLZ
Abendtot

VORWIEGEND
OBSZÖNE KURZGESCHICHTEN

Menschen als Spielball der Götter

Für Liebe können sie sich nicht entscheiden,
wagen nicht den Schritt über sich selbst hinaus,
bleiben trostlos gefangen in ihren eigenen Netzen,
treiben den Strom des Lebens ohne Widerstand
bis zur bitteren Neige hinab. Längst haben sie
alle Orientierung verloren, gehorchen mutlos
ihren Schwächen wie willenlose Marionetten.
Sind wir so frei, wie es unsere Gesellschaft
gerne sieht? Oder sind wir allem ergeben,
das uns von Geburt an beherrscht?

In diesen 18 Beispielen wird von
Menschen erzählt, die im Taumel
des Lebens als Sieger dastehen,
in Wahrheit aber Verlierer sind,
weil das Schicksal ohne Nachsicht
schon längst über sie entschieden hat.

 tredition®

CHRISTIAN SCHOLZ
Nachtdenken

MEIST SCHAMLOSE
KURZGESCHICHTEN

Das Kultbuch
unserer Zukunft

Evolution ist die uns bekannte
Spielart des Lebens – aber gebietet
in Zukunft ein ganz anderer „Gott" ?
Wird das, was wir heute
unter Liebe verstehen,
einmal tödliches Verhängnis sein ?
Wie funktioniert
eine totalitäre Gesellschaft nach
völlig neuen Verhaltensmustern ?
Cynthia, klug und neugierig,
wächst in eine Welt, in der alles
beklemmend kalt und abweisend ist.
Sie sehnt sich nach etwas,
das sie erfüllen könnte -
aber sie kann sich nicht beugen,
ohne sich zu verraten.
Oder sie wird
mit all ihrer Sehnsucht untergehen.

Ein faszinierender,
beängstigender, bizarrer Bericht
mit aller Spannung
und Lebensfülle eines Kultromans.

 tredition®

CHRISTIAN SCHOLZ

Das Paradies

EIN LEHRREICHER BERICHT
FÜR DIE GEHOBENEN BILDUNGSSTÄNDE

Sehnsucht
nach Liebe und Tod

Wie Strandgut hat es ihn in den kleinen
spanischen Badeort verschlagen.
Liebe ist für ihn nichts als ein zynisches Wort
ohne Bedeutung.
Da begehrt ihn die Frau eines anderen,
Leidenschaft, Hass und Berechnung
verstricken ihn tief in eine Tragödie
irrender Gefühle. Die Glut der Sonne,
die tödliche Magie des Stierkampfs
und der unbezwingbare Impuls
eines unbändigen Lebens
treiben Begehren und Verzicht
zum grellen Höhepunkt.

Ein scheinbar
gleichgültig erzählter,
unnahbar kalter Bericht,
aber gerade deshalb
unmittelbar packt
und mitreißt
und zur emotionellen
Stellungnahme
herausfordert.

CHRISTIAN SCHOLZ
Spanischer Sommer

EIN BERICHT
GETARNT ALS ROMAN

IMPRESSUM

Die Deutsche Nationalbibliothek verzeichnet vorliegende Publikation in der Deutschen Nationalbibliografie; detaillierte bibliografische Daten sind im Internet abrufbar unter http://dnb.d-nb.de

Copyright © 2016 beim Autor

Verlag: tredition GmbH, Hamburg

Printed in Germany
ISBN: 978-3-7345-6782-7 (Paperback)
ISBN: 978-3-7345-6783-4 (e-Book)

**EIN BUCH
IST EIN BUCH
IST EIN BUCH**

Zeitfracht Medien GmbH
Ferdinand-Jühlke-Straße 7
99095 Erfurt, Deutschland
produktsicherheit@kolibri360.de